ハンドブック

集団的自衛権

浦田 一郎、前田 哲男、半田 滋

岩波ブックレット No. 870

1　集団的自衛権とは何か——憲法との関係を中心に

浦田一郎

集団的自衛権は憲法上行使できないとされていますが、行使できるように憲法解釈を変えよう、あるいは憲法を改正しようというような話を聞きます。逆に、集団的自衛権を行使できるようにするのは、戦争への道だという反対論もあります。これは何を議論しているのでしょうか。

自衛権は意外と新しい

この集団的自衛権の問題は、憲法のまえに国際法で問題になってきました。また、集団的自衛権とは何かを考えるためには、その前提として**自衛権**とは何かを知る必要があります。日常生活で自衛権という言葉は漠然とした意味で使われていますが、国際法でも一九世紀まであまり意味がはっきりしていませんでした。

二〇世紀にはいり、とくに第一世界大戦のあと、**戦争が違法化**されていきました。違法とは法的に認められないことであり、つまり戦争は原則として法的にはしてはならないことになっていきました。戦争の違法化はとくに一九二八年の不戦条約で明確にうちだされ、そのことを前提にして、自衛権が**違《い》法《ほう》性《せい》阻《そ》却《きゃく》事《じ》由《ゆう》**として成立しました。違法性阻却事由という言葉は難しいですが、要するに戦争をすることは原則として法的に認められないが、自衛戦争の場合は例外的に認められる、ということです。そこで現在では自衛権は、「外国からの違法な侵害に対し、自国を防衛するため、緊急の必要がある場合、それを反撃するために武力を行使しうる権利」（田畑茂二郎『国際法Ⅰ』）のように定義されています。このときの自衛権は、自国が攻められた場合の権利であり、集団的自衛権と区別すれば個別的自衛権ということになります。ただ、この頃は集団的自衛権という言葉もなく、そのような考えかたもはっきりしていませんでした。

一九三一年から始まった「満州事変」のように、法的に戦争ではないと主張される行為が行われるようになってきたので、実質的に武力行使である行為を違法としようと考えられるようになっていきました。

集団的自衛権の登場

第二次世界大戦末期の一九四四年、一般的国際機構設立に関するダンバートン・オークス提案がなされ、**武力行使禁止の原則**がだされました。他方で、例外的に地域的紛争を武力行使によって解決するためには、安全保障理事会の許可が必要とされました。ところが、翌四五年二月のヤルタ会談において常任理事国に拒否権が認められることになったので、そのために地域紛争処理が機能しなくなる可能性がでてきたとする考えが生まれました。

同年三月に米州諸国会議のチャプルテペック決議がだされました。そこで、米州諸国のいずれか一国に対するいかなる攻撃も、全ての米州諸国に対する侵略とみなされ、軍事力の行使を含む対抗措置が執られるとされました。ここに、**集団的自衛権の考えかた**が登場しました。それは、自国が攻められていなくても、集団で武力行使することを認めるものです。

一九四五年六月に調印された国際連合憲章において、二条四項で武力行使禁止の原則が採られ、その違反に対して一条一項の**集団安全保障**(collective security)の制度がつくられました。すなわち、違法な武力行使に対しては国連が集団で対処することとし、そのために四一条の非軍事的措置や四二条の軍事的措置が用意されました。軍事的措置はいわゆる国連軍のことですが、それ以後今日まで、正式なものはできていません。そのうえで、集団安全保障の例外として、五一条で各国に自衛権が認められ、そのなかで「**個別的自衛権**」(right of individual self-defense)と「**集団的自衛権**」(right of collective self-defense)が定められました。個別的自衛権はそれまでの自衛権のことです(巻末資料参照)。

集団安全保障と集団的自衛権は言葉がよく似ていて紛らわしく、混同されることもあります。集団安全保障は国連によるものであり、国連加盟国内の違反者に対するものなので**内向き**と説明されます。それに対して、集団的自衛権は個別国家によるものであり、集団的自衛権体制の対抗者に対するものなので**外向き**と説明されています。

集団的自衛権は、他国が「武力攻撃」(国連憲章五一条)を受け、自国が受けていないときに、**武力行使する権利**です。その理解のしかたは、大まかに三つに分けることができます。①個別的自衛権の集団行使、②武力攻撃を受けた国に対する救援、③武力攻撃を受けた国のうち自国と密接な関係にある国に対する救援、です。①は個別的自衛権で説明がつき、②は集団安全保障を無意味にするので、③が多数説になっています。この問題は、あとでふれる日本における集団的自衛権論と関係しています。

なお、個別的にせよ集団的にせよ、自衛権は**国際法上の権利**であって義務ではありません。行使するかしないかは、各国の自由です。

集団的自衛権の使われかた

集団的自衛権の実際をみると、北大西洋条約機構（ＮＡＴＯ）や旧ワルシャワ条約機構のような軍事同盟体制は集団的自衛権によって根拠づけられています。また、当事者が集団的自衛権によって正当化を図った代表的な軍事力行使として、ベトナム戦争におけるアメリカの武力行使（一九六五年）、ソ連によるアフガニスタン侵攻（一九七九年）、ニカラグア内戦におけるアメリカの武力行使（一九八〇年代前半）、湾岸戦争における多国籍軍の武力行使（一九九一年）、九・一一後のアフガニスタンに対するＮＡＴＯ諸国の武力行使（二〇〇一年）などがあります。

自衛権は、武力攻撃を受けた気の毒な小国の防衛の権利というイメージがあるかもしれませんが、実際には大国の小国に対する武力行使と政治支配を正当化するためにもちだされる場合が少なくありません。世界最大の軍事大国アメリカが、国連憲章外の慣習国際法上の自衛権、広い先制的自衛権、さらに予防的自衛権など**自衛権の拡大**を主張しています。さきほど当事者が集団的自衛権によって正当化を図った軍事力行使の例を挙げましたが、その多くが**集団的自衛権の濫用**《らんよう》という批判を受けています。集団的自衛権に伴う濫用も、集団的自衛権の本質的要素なのでしょう。

日本国憲法の平和主義

そこで日本に話を移しますと、まず日本国憲法における平和主義の意味を考える必要があります。敗戦後の占領下でアメリカの政治的支配を受けながら、日本国憲法の制定が進められました。国際世論のなかで天皇制の戦争責任を問う声が高まっていきましたが、マッカーサー連合国軍最高司令官は日本の管理や統治のうえで天皇制の存続が有益だと判断しました。そこで、主権者天皇制は象徴天皇制に変えられ、さらに象徴天皇制が戦前のような軍国主義天皇制にならない保証として、戦争放棄の平和主義が日本国憲法に取り入れられました。君主制の戦争責任の問いかたが中間的で自国民の手によらず、特殊なものになりました。

結果として日本国憲法は三つの部分から成り立っていると考えられます。①三章の人権規定以下の部分は民主化を表現し、憲法による政治としての立憲主義の通常の形になっています。②一章の象徴天皇制は明治憲法のような途上国型の外見的立憲主義の要素を残しています。③二章の戦争放棄の平和主義は、軍事力の立憲的統制という通常の立憲主義を超える、**新しい立憲主**

義の可能性をもっています。このような日本国憲法は甚大な戦争被害を受けた国民に静かに受け入れられ、やがて民主主義や平和主義の運動に活かされていきました。

政府による憲法九条解釈の変遷

九条の解釈について、制憲議会において吉田茂首相は**自衛権否認的解釈**を行いました。「直接ニハ自衛権ヲ否定ハシテ居リマセヌガ、……自衛権ノ発動トシテノ戦争モ……抛棄《ほうき》シタ」（一九四六〈昭和二一〉年六月二六日、帝国議会衆議院本会議）。しかしその後占領・安保体制の下でアメリカの要求を受けながら再軍備が進められ、一九五〇年に警察予備隊、五二年に陸上保安隊・海上警備隊、五四年に自衛隊がつくられていきました。これらの軍事組織を合憲化する政府の説明も、警察予備隊は警察だとする警察論、陸上保安隊・海上警備隊は近代戦争を遂行する能力を備えていないとする近代戦争遂行能力論、自衛隊は**自衛のための必要最小限度の実力**だとする**自衛力**論として、基本的に展開してきました。

「基本的に」と言ったのは、時間のずれが少しずつあるからです。例えば、自衛隊法案と防衛庁設置法案の審議のなかで自衛隊は近代戦争遂行能力を持っていないとして正当化されて、一九五四年七月一日に発足し、その後の同年一二月二二日の政府統一見解（大村清一防衛庁長官、衆議院予算委員会）によって自衛力論が定式化されました。その後政府によって展開された現在の自衛力論によれば、「自衛のための必要最小限度の実力」は憲法九条二項が禁止する「戦力」にあたらず、その保持や行使は合憲だとされています。

自衛力論の構造と機能

自衛力論の構造をみると、まず前提として自衛力論は**憲法の戦争放棄規定と「固有」の自衛権論**の両方を基礎においています。「固有」というのは、国家である以上当然であり、すなわち憲法の定めによらないということです。このような議論のしかたには、立憲主義の観点から問題がありますが、ここではこの問題には立ち入らないことにします。片方にせよ、戦争放棄規定を基礎においていることに注意を払う必要があります。

①「自衛のための必要最小限度の実力」の「実力」は武力とほぼ同視され、**武力行使は憲法九条の規律の対象**になりますが、基地提供や経済援助などはそれ自体武力行使でないとされ、規律から外れます。すなわち憲法によって禁止されないとされています。ただし、武力行使でないものも、他国の武力行使と一体化する場合には、認められません。この議論は「**一体化**」論と呼ばれています。

②「**自衛のため**」**は個別的自衛権**と理解され、武力行使は個別的自衛権の場合には認められますが、集団安全保障や集団的自衛権の場合には認められません。ここで集団的自衛権の問題がでてきます。

③個別的自衛権の場合の武力行使であっても、「**必要最小限度**」ということから交戦権や海外

派兵などは認められないとされています。

このような自衛力論は、安保体制や自衛隊の軍事的要求と、憲法の平和主義規定、非武装平和主義の学説、平和と憲法を結合させた市民運動のあいだの力関係のなかで成立し、展開してきました。そのため、安保体制や自衛隊という軍事を正当化する法的論理が、同時に軍事に対する制約をうみだしてきました。その中心に集団的自衛権行使の禁止があります。**正当化と制約の両面機能**は法的論理において通常のことですが、自衛力論において最も鮮やかに表れています。そこから、自衛力論は冷戦下で護憲派から平和主義の趣旨を掘り崩していると批判され、冷戦終結後は改憲派から集団的自衛権行使を禁止しているとして非難されてきました。

なお、憲法学界の多数説は非武装平和主義の立場にたち、安保体制や自衛隊を違憲だと考えていると思われます。判例では、砂川事件における東京地裁判決（一九五九〈昭和三四〉年三月三〇日）が旧安保条約（一九五二～六〇年）に基づく米軍駐留について、また長沼事件に関する札幌地裁判決（一九七三〈昭和四八〉年九月七日）が自衛隊について、それぞれ違憲としました。最高裁判例を含め、他の判例は安保条約や自衛隊について合憲か違憲かの中身の判断に立ち入らず、そのため裁判所が安保条約や自衛隊について合憲だと判断した例はみられません。

政府の集団的自衛権論の展開

それに関する軍事的観点による検討については、2の前田哲男論文をごらんください。ここでは法的観点から簡単に展開過程を整理したいと思います。

①当初は集団的自衛権に関する論議はあまり盛んではありませんでした。なぜなら、集団的自衛権以前に、個別的自衛権の憲法的正当化が中心問題だったからです。

②一九六〇年の安保改定のときに、日本がアメリカのために集団的自衛権を行使することが義務づけられるかが問題になり、集団的自衛権論が形成されていきました。ただ、その当時の政府の集団的自衛権論は現在のように確立しておらず、現在とは異なる政府答弁もありました。たとえば、基地提供や経済援助も「集団的自衛権」という言葉で理解すれば、こういうものは憲法上否定されていないと述べられています（林修三法制局長官、一九六〇〈昭和三五〉年三月三一日、参議院予算委員会）。

③一九七〇年代を経て、八〇年代初頭に現在の政府見解が確立しました。現在の見解の前提になる重要な資料が、一九七二（昭和四七）年一〇月一四日の参議院決算委員会に提出されています（『防衛ハンドブック』）。一九七八年の日米ガイドライン（防衛協力の指針）を経て、シー・レーン防衛との関わりで稲葉誠一議員の質問に対する答弁書が一九八一（昭和五六）年五月二九日に衆議院に提出されました。これが現在の見解の元になっています。

④冷戦終結後の一九九〇年代に武力行使との一体化論など論理の精緻化が進みました。それは集団安全保障関係が中心でしたが、政府の見解では集団的自衛権にも及んでいます。

⑤二〇〇〇年代以降、衆参各院の憲法調査会（二〇〇〇～〇五年）などの明文改憲と解釈見直し

の動きが、集団的自衛権を中心にして活発にみられます。

現在の政府見解

集団的自衛権に関する政府の現在の説明は、次のようになっています。

「国際法上、国家は、集団的自衛権、すなわち、自国と密接な関係にある外国に対する武力攻撃を、自国が直接攻撃されていないにもかかわらず、実力をもって阻止する権利を有するとされている。わが国は、主権国家である以上、国際法上、当然に集団的自衛権を有しているが、これを行使して、わが国が直接攻撃されていないにもかかわらず他国に加えられた武力攻撃を実力で阻止することは、憲法第九条のもとで許容される実力行使の範囲を超えるものであり、許されないと考えている」（『防衛白書　平成二四年版』）。結論的に簡単に言えば、例えばアメリカが武力攻撃を受けても、日本が受けていなければ、日本は武力行使できないということです。

その内容をみていくと、まず、**集団的自衛権を日本は国際法上保有しているが、憲法上行使できないとされています**。国際法のところでみたように、集団的自衛権は国際法上義務ではなく権利ですので、憲法など国内的判断によって行使しないとすることが、国際法上可能とされています。

憲法上行使できない理由については、前述の一九七二年資料では、憲法九条の戦争放棄のもとで前文の平和的生存権や一三条の幸福追求権に基づき認められる「**自衛の措置**」は、「**必要最小限度**」**でなければならない**とされています。そこから、日本が武力攻撃を受けた場合の個別的自衛権は認められるが、日本が武力攻撃を受けていない場合の集団的自衛権は認められないとされています。集団的自衛権はいわば「他衛」ととらえられているようです。比較的最近の政府答弁では、同趣旨のことを次のように言っています。「九条の文理に照らしますと、我が国による**武力の行使は一切できないようにも読める憲法九条**のもとでもなお」、個別的自衛権は認められるが、集団的自衛権までは認められないとしています（秋山收内閣法制局長官、二〇〇四〈平成一六〉年一月二六日、衆議院予算委員会）。**憲法九条の存在が政府の集団的自衛権論を強く規定**していることが分かります。

政府見解の構造

まず、**「実力」をもって阻止する権利**とされていることが問題になります。そこから一方で、前線の戦闘に参加することは、「実力」行使になり憲法上認められません。しかし他方で、実質的、軍事的には外国に対する軍事援助とみられるものでも、「実力」行使ではないとして、認められる場合があります。すでにふれたような基地提供や経済援助のほか後方支援や多くのものが認められてきました。最も大きな問題は、現行安保条約六条に基づく基地提供です。一九九七年の新ガイドラインを受けた周辺事態法において、後方地域支援などの措置は武力行使にあたってはならないとされています（同法二条二項）。イラク特別措置法やテロ特別措置法など海外における軍事活動に関する法律に、同様の**武力行使禁止規定**がおかれているのは、その趣旨です。なお、名古屋高等裁判所判決（二〇〇八〈平成二〇〉年四月一七日）は、イラクにおける自衛隊による多国籍軍の武装兵員の輸送について、武力行使を禁止したイラク特別措置法二条二項や憲法九条一項などに違反するとした判断を示しています。

次に、**「外国」に対する武力攻撃を阻止する権利**とされていることも問題になります。安保条約五条は共同防衛を定めていますが、そこには「日本国の施政の下にある領域」という地理的限定があります。そこで、在日米軍基地に対する武力攻撃は日本の領域を侵犯するので、米軍基地＝「外国」だけではなく日本に対する武力攻撃にもなると説明されています（例えば、佐藤栄作首相、一九六八〈昭和四三〉年八月一〇日、参議院予算委員会）。領域侵犯によって自動的に自衛権が成立するかは法理論的に問題がありますが、ここでは立ちいらないことにします。結論的には、在日米軍基地に対する武力攻撃によって、日米それぞれにとって個別的自衛権が成立するとされています。すなわち、前にふれたように、これは**個別的自衛権の共同行使**であって、集団的自衛権ではないとされています。

日本に対する武力攻撃について、アメリカは集団的自衛権を行使することになります。しかし、領域外のアメリカ、典型的にはアメリカ本土に対する武力攻撃は「外国」に対するものですので、その阻止は日本にとって集団的自衛権の行使になり、できないことになっています。そこで、安保条約五条ではアメリカは日本のために集団的自衛権を行使し、日本はアメリカのために集団的自衛権を行使しないので、アンバランスがあることになります。しかし、同条約六条で日本はアメリカに基地を提供しますが、アメリカは日本に基地を提供するわけではないので、ここにもアンバランスがあります。五条と六条のそれぞれのアンバランスによって、**安保条約全体としてはバランス**がとれていると、政府は説明してきました（『防衛白書』）。

　現在の政府解釈では、個別的自衛権を行使できる範囲は、日本の領域に限らないとされています。海外派兵は禁止されていますが、その意味は「武力行使の目的をもって武装した部隊」を他国の領域に派遣することとされ、意味が限定されています。そこで日本の領域外で自衛隊と米軍が展開することはありうることになり、そのときにともに武力攻撃を受ければ、それぞれに個別的自衛権が成立する可能性があります。個別的自衛権の共同行使という議論が、領域外にも適用されています。シー・レーン防衛などで、このような問題が生じます。日本の個別的自衛権に基づく武力行使によって、アメリカが軍事的に救われることになっても、それは結果に過ぎないとされています（丸山昂防衛庁防衛局長、一九七五〈昭和五〇〉年六月一八日、衆議院外務委員会）。これは「結果理論」と呼ばれています。

　このような政府の集団的自衛権論は一般の人には複雑なものにみえ、また常識的、実質的に日米共同の軍事活動にほかならないものを集団的自衛権行使ではないとしています。しかし他方で、ある種の体系性も備え、アメリカが行う戦争の**前線で自衛隊が戦闘に参加することを阻止**しています。すでにみてきたように、そのアメリカは自衛権を拡大し、集団的自衛権を濫用してきたという批判を受けています。このように政府の集団的自衛権論は**日米の軍事活動に大きなブレーキ**

をかける結果になっていますので、日米による安全保障・軍事支配のために集団的自衛権行使の解禁を要求する側から、解釈見直し論や明文改憲論がだされています。逆に言えば、**政府の集団的自衛権論のブレーキの強さ**が分かります。

解釈変更と明文改憲の憲法的な意味

集団的自衛権行使禁止の政府解釈を変更しようという動きが、いろいろあります。自由民主党が二〇一二年七月に発表した国家安全保障基本法案や、安倍晋三首相が第一次内閣時代の二〇〇七年に設置し二〇一三年二月に再開した「安全保障の法的基盤の再構築に関する懇談会」などです（3の半田論文参照）。一般的には政府の憲法解釈の変更はできないことではありませんが、慎重でなければなりません。政府の集団的自衛権解釈について言えば、それは政治的につくられたものだから、政治的に変えてよいということがしばしば言われています。政治性の一つとして、政策的に選択した解釈だと言われます。しかし、国際関係において日本が集団的自衛権を行使しないことは確かに政治的選択ですが、国内関係において憲法によって不行使を決めたのであれば（憲）法的なものです。**国際関係と国内関係が区別**されていません。もう一つの政治性として、そのときどきの政治状況によって集団的自衛権不行使の解釈ができたように言われることがあります。しかし、占領・安保体制のなかで**戦後の基本的な政治構造**としてできています。憲法上集団的自衛権が行使できるとされていれば、新旧の安保条約は国民に受け入れられず、今のような安保体制はできていなかったでしょう。

　もし集団的自衛権が行使できるように解釈を変えたとすれば、集団的自衛権は九条のもとで最も認められにくいものですから、九条は何も禁止していないことになります。国際法の原則を確認しただけで、独自に何も言っていないことになります。このことは本書阪田雅裕インタビューによって強調されています。これは**実質的には九条の削除**を意味します。解釈変更の方法として閣議決定などが言われていますが、九条の削除という改憲は九六条で特別多数（衆参各院の総議員の三分の二以上の賛成）による国会の発議と国民投票（過半数の賛成）が求められていますので、集団的自衛権行使解禁のための解釈変更は**手続的には一種の脱法行為**とも言えます。

　そこで、明文改憲による集団的自衛権行使の解禁も、二〇一二年四月に発表された自民党の「日本国憲法改正草案」などで主張されています。これは、集団的自衛権を行使できない「特殊な国家」から、行使できる「普通の国家」になることを目指したものでしょう。しかし、最初にふれたように、日本国憲法の三つの部分によって戦後日本はかろうじてバランスがとられてきたのであり、九条改憲による集団的自衛権行使にふみこむことによって、日本は**別の意味で**「**特殊な国家**」になってしまうでしょう。アメリカに頭を下げていればアジアで頭を下げなくて済むという生きかたを一層進めることで、日本の未来は開けるでしょうか。

2　戦後どのような議論を経てきたか

前田哲男

では、「九条論争」のなかで「集団的自衛権」解釈は、どのように変遷してきたのでしょうか。時代を追ってみてみます。

九条と集団的自衛権の葛藤の始まり

憲法制定当時、「集団的自衛権」などという概念はだれの念頭にも浮かんでいませんでした。論点の中心は、そもそも九条の下で「自衛権」がありうるのか、あるとすればいかなる形においてか、にありました。１の浦田論文が引用した六月二六日の答弁に続き、二八日には、吉田茂首相は「国家正当防衛権」についてまでも否定していました（一九四六年六月二八日、衆議院）。

国際法学者・横田喜三郎（一九六〇～六六年最高裁長官）は、（まだ占領下にあった）一九五一年九月に刊行した著書『自衛権』のなかで、「（憲法の規定、第九条は）戦争や武力の行使は、これを放棄し、軍備も廃止し、さらに交戦権も否定しているが、自衛権そのものは、放棄するとも、否認するともいっていない。そうしてみれば、日本は自衛権を有するといわなくてはならない」、としつつ、しかし「憲法の規定としては、どこまでも、自衛権はあるけれども、軍備を設けることはできないといわなくてはならない。つまり、「武力なき自衛権」である」と説きました。けれども、横田は一方で「武力なき自衛権」の方法のひとつとして、「おもうに、外国の軍隊や軍事基地を日本におくことは、憲法の規定に違反しないというべきであろう」とも論じています。それは「日本が国際連合に加入したような場合に、連合の強制措置のために、日本が基地その他の便益を提供し、経済的な援助を行う」必要がありうるからです。「日本については、憲法で軍隊や軍備を全廃しているから、兵力の提供を要求されるはずはない。おそらく、基地や援助を提供することになるであろう」と予測しました。そして、「それだけでは、交戦権を行使するものでなく、戦争を行うことにならない」と言うのです。

　ここで横田が想定していたのは、独立回復後、国際社会に向けた九条具現化の方策として、**「国連による集団安全保障」への基地や便益の提供**（経済援助や任意の義勇兵参加）にありました。それは攻守同盟＝「集団的自衛権」にもとづく基地提供とは次元がちがうものだといえるでしょう。

　ところが、（偶然にも『自衛権』刊行とおなじ月の）一九五一年九月に「サンフランシスコ平和条約」が調印され、同日、「日米安全保障条約（旧）」も締結されます。その結果、「基地と便益の提供」は、国連でなく米軍に向けたものとなったのです。また、「任意の義勇兵」とは別個の組織——これも翌五二年に「警察予備隊」から「保安隊」へと増強され、さらに五四年には「自衛隊」となる実質的な常備軍——が登場することとなるのです。ここから**「九条と集団的自衛権の葛藤」**という問題が立ちあらわれてきます。その意味で、横田喜三郎の九条解釈は、結果として、以後「米軍基地合憲」の論拠に援用されたことになります。

なぜ「太平洋条約機構」はできなかったか

旧安保条約は、米軍駐留と基地提供をみとめました。端的にいえば、それは「駐軍協定」でした。自衛隊との「共同防衛」にかんする条項はありません。したがってこの時期、「集団的自衛権」問題は現実的な議論の対象にはなりませんでした。一九五四年六月三日の衆議院外務委員会で、下田武三・外務省条約局長（のち駐米大使を経て最高裁判事）は、

「平和条約でも、日本国の集団的、個別的の固有の自衛権というものは認められておるわけでございますが（中略）、憲法で認められた範囲というものは、**日本自身に対する直接の攻撃あるいは急迫した攻撃の危険がない以上は、自衛権の名において発動しえない**、そういうように存じております」

と答弁しています。

内閣法制局も同見解で、「**九条のもとで自衛隊の集団的自衛権の行使はできない**」とする日本政府の立場は明確でした。

しかし、米側の見方はちがいます。国務長官などを務めたディーン・アチソンの『回顧録』（一九六九年）を読むと、米政府は、当時から西太平洋で「集団防衛機構」の樹立をめざしていたことがわかります。「三つの別個の条約――一つはニュージーランド、オーストラリアとの、一つ

はフィリピンと、そして第三は日本との――を通じて太平洋における統合的安全保障連鎖となるという構想に落ち着いた。われわれと同盟国との連絡は、パール・ハーバーにいる太平洋司令長官に集中することになっていた」と、地域集団防衛、つまり「集団的自衛権の枠組み」があきらかにされています。

この時期、アメリカは、ヨーロッパのＮＡＴＯ（北大西洋条約機構、一九四九年）に似た、ＰＡＴＯ（太平洋条約機構）を構想していました。日本もその一員となる「地域集団防衛条約」です。とうぜん「集団的自衛権の行使」が前提です。結局、ＰＡＴＯ構想はまぼろしに終わります。挫折した理由は、横田の著作や下田答弁に見た「九条の存在」でした。そのことは同時期に締結された、アメリカ・ニュージーランド・オーストラリア三国のＡＮＺＵＳ条約（一九五一年）、米比相互防衛条約（一九五一年）、米韓相互防衛条約（一九五三年）と日米安保をくらべるとわかります。

ＡＮＺＵＳ条約はその第四条（武力攻撃に対する措置）に「各当事国は、太平洋におけるいずれかの当事国に対する武力攻撃を、自国の平和及び安全を危うくするものと認め、かつ、自国の憲法上の手続きに従って共通の危険に対処するように行動することを宣言する」と規定しています。米比条約四条、米韓条約三条にもほぼ同文が盛られています（傍点は引用者）。

すなわち、そこでは「集団的自衛権行使」が条約の柱になっているのです。だから各国は、締結後、ベトナム戦争（そしてまた湾岸戦争、アフガニスタン攻撃～イラク戦争へとつづくアメリカの地域戦争）に自動的に派兵しました。その代わり、（休戦下の韓国はべつにして）「基地提供義務」は負いません。ここに、日米安保が「人（米軍駐留）と物（基地提供）のバーター」と称されるゆえんがあります。「集団的自衛権不行使」が、日米安保条約のそもそもの前提なのでした（しかし、いま「集団的自衛権容認」を主張する人々は、「米軍基地返上」とは言いません。ふしぎな論理です）。

公権解釈と対米秘密合意

そのような事情もあって、一九六〇年に安保条約が改定されたとき、論争の焦点となったのが五条「共同防衛」と六条「（極東の範囲における）基地の許与」でした。

新安保条約では、アメリカの（対日）集団的自衛権「行使」と、日本の（対米）「行使できない」がぶつかります。米側は、「できない」ことの代償として日本側に「基地提供」を要求し、「自衛隊強化」ももとめてくる。すると、「共同防衛」条項では、自衛隊の「個別的自衛権」行使および米軍との協力の程度と限度が、また「基地許与」条項からは、核兵器持ち込みや日本からの自由出撃につながるのではないかという問題が生ずることになります。国会やメディアでは、おもに「戦争に巻き込まれる」懸念として論じられましたが、これこそ「集団的自衛権の行使是《ぜ》か非《ひ》か」が国民に問われた最初に機会だったといえます。

岸信介内閣は、「表《おもて》」＝国会における説明（公権解釈）と「裏」＝対米秘密合意（核持ち込み容認など)を使いわける〝二枚舌戦術〟に徹しました。そのため「極東の範囲」「自衛隊との共同作戦」「事前協議」などをめぐり、運用面における〝闇の領域〟＝安保密約の世界がつくられることになります。条約解釈における「顕教」と「密教」の落差。そこを出発点にして、その後の国際情勢変化と日米安保協力の進展と連動しつつ、それはしだいに**「既成事実としての集団的自衛権容認」**――「人」も「物」も提供する――方向へとにじり寄っていくのです。

　ともあれ、六〇年安保国会でどのような議論が行われたかを振りかえっておきます。

　すでに「自衛隊の海外派兵」については、一九五四年六月、自衛隊法採決にあたり、参議院で「自衛隊の海外出動を為さざることに関する決議」という付帯決議がなされていました。

「本院は、自衛隊の創設に際し、現行憲法の条章と、わが国民の熾烈《しれつ》なる平和愛好精神に照し、海外出動はこれを行わないことを、茲《ここ》に更《あら》めて確認する」

と立法府の意思が明らかになっています。

　ここにいう海外出動＝海外派兵とは、「武力行使の目的をもって武装した部隊を他国の領土、領海、領空に派遣する」を意味するとの政府見解もしめされました。自衛隊の任務は「個別的自衛権」「日本列島守備隊」「専守防衛」に限定されることになります。

　だから、安保条約の承認案件を審議した国会で、五条「共同防衛」の内実が問われると、岸首相は「表」の立場を堅持しつつ、

「極東の平和と安全が日本の平和と安全にいかに緊密な関係にあるといいましても、**日本の自**

衛隊が日本の領域外に出て行動することは、これは一切許せないのでありますから（中略）一部に言われているような戦争に巻き込まれる危険があるということは、私は間違っておる、こう思うのであります」（一九六〇年三月一一日、衆議院安保特別委員会）

と強調したのです。

内閣法制局長官・林修三も同年の参議院予算委員会（三月三一日）で、

「憲法に照らしてみました場合に（中略）一番問題になりますのは、他の外国、自分の国と歴史的あるいは民族的あるいは地理的に密接な関係にある他の外国が武力攻撃を受けた場合に、それを守るために、例えば外国へまで行ってそれを防衛する、こういうことがいわゆる集団的自衛権の内容として特に強く理解されておる。この点は日本の憲法では認められていないのじゃないか、かように考えるわけでございます」

と述べています。

集団的自衛権容認への歩み

このように、「表」＝顕教の領域での集団的自衛権＝違憲の解釈は明確にされました。この内閣法制局見解の基本線はいまも変わっていません。他方、一九六〇年代以降、朝鮮半島の緊張がつづき、アメリカによるベトナム戦争が拡大し、また自衛隊の人員・装備面での増強も進んで米軍と自衛隊の垣根が低くなると、安保条約五条の「条約区域」（日本国の施政の下にある領域）と六条「米軍の駐留目的区域」(極東における国際の平和と安全)を区分する境界、つまり「個別的自衛権と集団的自衛権との敷居《しきい》」は、しだいにあいまいなものとなっていきます。まず米軍基地の使用条件、つぎに専守防衛の自衛隊＝個別的自衛権と、アジアを睨《にら》む在日米軍・基地＝集団的自衛権という〝建前上の使い分け〟が、徐々に消滅します。「密教の表面化」です。

最初に起こったのは、**基地使用における「事実上の集団的自衛権容認」**です。ベトナム戦争への日本の協力、すなわち「極東の範囲」拡大について問われた椎名悦三郎外相は、

「極東の範囲外に起こっておる事件でも、それが極東の平和と安全に至大な関係があるという場合には、この条約の条項が働くわけでございます。そういうわけで、極東の範囲外であるけれども、極東の平和と安全にきわめて緊切な関係のある事件がいま発生しつつある、ということでございます」とのべます(一九六六年六月一日、衆議院外務委員会)。

ここで「極東」の範囲が「東南アジア」まで拡大されたことになりました。やがて沖縄基地からの「北ベトナム爆撃」が容認され、佐世保、横須賀の兵站《へいたん》基地化も公然化していく。それらは、冷戦後に在日米軍基地が「中近東での戦争」の作戦基盤に用いられる素地ともなります。

また、一九六九年一一月の日米首脳会談後発表された「佐藤・ニクソン会談共同声明」では、アメリカの韓国、台湾防衛義務に関連して、それぞれ、

「総理大臣は朝鮮半島の平和維持のための国際連合の努力を高く評価し、韓国の安全は日本自身の安全にとって緊要であると述べた」

「総理大臣は、台湾地域における平和と安全の維持も日本の安全にとってきわめて重要な要素であると述べた」

と記されました。

「緊要」「重要」と特記された両者の位置づけからは、日本が、朝鮮半島と台湾海峡の現状を、それまでより一歩進んで「国際の平和と安全」という文脈で認識し、共有しようとする**集団的自衛権「容認的」な姿勢**が浮かびあがります。

自衛隊との協力関係にも変化が現れました。七〇年公表された最初の防衛白書（中曽根康弘防衛庁長官）は、「わが国の防衛は専守防衛を本旨とする」としながらも、「平素から（日米）両者の間で相互に緊密な連絡をとり、意思の疎通を図り、緊密な関係の維持につとめる必要がある」としました。そのことじたい、安保条約五条「共同防衛」から出てくることとしても、一九七八年一一月（福田赳夫内閣時）に「防衛協力のための指針（ガイドライン）」が合意されると、「集団的自衛権容認」に向け、舵を切る方向性があきらかになってきます。

「防衛協力の指針」による変容

「ガイドライン」は三つの協力分野からなっていました。Ⅰ侵略を未然に防ぐための態勢、Ⅱ日本に対する武力攻撃に際しての対処行動等、ここまでは安保条約五条の「共同防衛」の範囲内としても、しかし、Ⅲに盛られた「日本以外の極東における事態で日本の安全に重要な影響を与える場合の日米間の協力」は、将来の「集団的自衛権解禁」に向けた布石でした。少なくとも、前記「岸答弁」から逸脱していることはたしかでしょう。やがて「Ⅲ」から、「シーレーン防衛」「洋上防空」など自衛隊の領域外活動が導きだされ、同時にそれは、「米艦艇の洋上護衛」問題につながっていくのです。

夏目防衛局長答弁（一九八三年二月二二日、衆議院予算委員会）と谷川防衛庁長官答弁（一九八三年三月八日、同）によると、

「アメリカがわが国の防衛のために行動しているということ、そういう前提を踏まえまして私どもがその米艦艇を守ることはわが国の自衛権の範囲内ではないか……」

「公海上における米艦艇の防御につきましては、わが国の自衛のためにということを強調するため、わが国の自衛のための行動の結果として米艦艇を守ることになる……」

おずおずと、ではあれ、半歩、踏みだしたさまを確認できます。それに沿うように、一九八〇年から「リムパック（環太平洋海軍合同）演習」に護衛艦と対潜哨戒機が参加することとなりました。「米空母の護衛」が演練事項のひとつです。「シーレーン防衛」に先導されて、海上自衛隊の艦艇は、それまでの海峡・沿岸防備重点、対潜作戦単能型のコーストガード・ネイビーから、いまの軽空母とイージス艦を主体とする、外洋型ブルーウォーター・ネイビーに脱皮していくのです。

「装備における防衛力の限界」にも変化があらわれます。一九七〇年「防衛白書」には、専守

防衛の見地から、「他国に侵略的な脅威を与えるようなもの、例えば、Ｂ52のような長距離爆撃機、ＩＣＢＭ（大陸間弾道弾）等を保持することはできない」と書かれていました。それが一九七八年版白書以降になると、「性能上専《もっぱ》ら相手国土の壊滅的な破壊のためにのみ用いられる兵器」となります。基準が、「相手国の受け止め方」（脅威を与えるか否か）から「性能上の尺度」（能力があるかどうか）に移しかえられました。

個別兵器についてもおなじことが言えます。一九六〇年代、主力戦闘機にＦ４ファントムを採用するさいには、「脅威を与える」観点から爆撃装置や空中給油装置を外して導入しました。田中角栄首相は、「空中給油はしない、給油機は持たない、訓練もしない」という「三原則」をしめしました。しかし一九八〇年代、Ｆ15の世代になると、兵器技術進歩の結果、どちらも「専守防衛の範囲内」だとして標準装備となり、一九九三年には〝空飛ぶ司令部〟といわれる「早期警戒管制機」が、二〇〇二年からは「空中給油機」そのものが配備されました。いずれも米空軍との共同運用が前提であり、じっさいに、太平洋を横断する「日米空中給油訓練」が定例化しています。

小泉政権による逸脱

一九九一年の「ソ連解体」で東西冷戦は終了、「ソ連の脅威」が消滅しました。ここで安保条約は〝反共・対ソ〟の共通目標を失います。それでも安保条約は生き残り、さらに新たな使命

——一九九六年「日米安保共同宣言」（橋本首相・クリントン大統領）にいう「二一世紀に向けての同盟」——へと脱皮していきます。「**安保再定義**」と呼ばれる実質的な改定によってです。以後、「日米安保協力」は、より幅広い含みをもつ「日米同盟」の名で語られるようになります。

翌一九九七年に「新ガイドライン」が合意されると、装備・運用面での「専守防衛」は看板だけのものとなります。旧ガイドラインのⅢは新ガイドラインでは「Ⅴ　日本周辺地域における事態で日本の平和と安全に重要な影響を与える場合」とあらためられ、かつ、具体的な協力分野——①日米の基地共同使用（相互乗り入れ）、②後方地域支援、③運用面における日米協力が明記されました。また行動範囲についても、「周辺事態の概念は地理的なものではなく、事態の性質に着目したものである」ので、「日本周辺」をどのように定義するかは自由になってしまいます。

米軍にたいする「後方地域支援」には、補給、輸送、整備、警備など二六項目が列記してあります。ガイドライン文書の記述によれば、

「後方地域支援は、主として日本の領域において行われるが、戦闘行為が行われている地域とは一線を画される日本の周囲の公海及びその上空において行われることもあると考えられる」とされます。

「一線を画される」「考えられる」の表現に、まだ公然たる「集団的自衛権容認」へのためらいが見えるものの、それはもはや〝イチジクの葉〟にすぎません。

現実面でこのように動きが進行するなら、あとはきっかけを待つだけです。「9・11」（二〇〇

一年）と「小泉内閣」（二〇〇一～〇六年）が、集団的自衛権行使を公然と容認する道へとつなぐ役割を果たしました。「9・11」のあと、ブッシュ政権がアフガニスタン攻撃に踏み切ると、小泉内閣はすぐに「**テロ特措法**」（二〇〇一年）を制定、海自補給艦が、インド洋に展開する米艦艇に燃料補給を実施します。二〇〇三年に開始された「イラク戦争」には、「**イラク特措法**」のもと、陸上自衛隊と航空自衛隊が「人道復興支援」「輸送活動」の任務で派遣されました。

これらは、集団的自衛権に直結する問題でしたが、小泉首相は9・11テロの衝撃と国会における圧倒的多数を背景に、憲法論など歯牙にもかけぬ強気一点張りで通しました。

「自衛隊は危険なところに出しちゃいかんでは話にならない。危険が伴っても自衛隊に貢献してもらう。この問題は、集団的自衛権とは別の問題だ」（記者会見、二〇〇一年九月二四日）

「（武器使用基準）そこは常識でやりましょう。ある程度、現場の指揮官の判断で出来るのではないか。臨機応変というものがあるでしょう」（国会答弁、二〇〇一年一〇月一二日）

などの語録や「憲法前文と九条にはすき間がある」「常識的に自衛隊に戦力がある」という発言は、「小泉劇場」といわれたこの人物の憲法認識をよくしめしています。

小泉内閣の後を承《う》けて、戦後生まれ、初の首相に就任した安倍晋三は、森喜朗政権と小泉政権に官房副長官としてかかわっていて、二〇〇三年にはじまる「日米同盟」の新段階――「共通の戦略目標」（「役割・任務・能力」の共有）や「在日米軍基地再編」――にも精通したタカ派として知られていました。第一次安倍政権が行ったこと、そして第二次安倍政権のいまやろうとしていることについては、3の半田論文に譲ります。

それでは、これまで一貫して集団的自衛権＝違憲の立場をとってきた内閣法制局は、どう対応するでしょうか。

一九四七年から五三年まで内閣法制局長官をつとめた佐藤達夫は『内閣法制局史』(一九七四年刊)に収められた「思い出」のなかで、次のように述べています。

「法制局の意見とちがった解釈が閣議で決められることも観念上あり得るでしょう。法制局の意見が、政治論から超越した純理論に立つものである限り、法制局としては内閣に対する説得に全力をつくすとともに、内閣もそれを尊重するということであるべきはずですが、不幸にしてそうならなかった場合ですね……、そのときは、仕方がないから法制局職員は、辞表をたたきつけるか、それでなければ、一応は「内閣としてはこうだ」と内閣の意見を代弁する外はないでしょう」「しかし、何といっても、法制局の専門家の公正な判断というものが、内閣から一顧もされないということになったら、法制局制度としてはすでに墓場への道に追いやられたことになるでしょう。そして、それは大げさにいえば、**法治主義の墓場への道**にもつながるわけですよ」

いま「集団的自衛権問題」は、そのように大きな「岐路」として私たちの前にあるのです。

3 「集団的自衛権」行使容認で何が起こるか

半田 滋

「周回遅れ」のタカ派路線

衆院選挙中から歴史認識の見直しを主張し、憲法改正による「国防軍」の保有や集団的自衛権の行使容認を声高に叫んだ「元祖タカ派」の安倍晋三首相。本人の言葉に基づいて日本の未来像を描けば、平和だった戦後の否定を意味する「戦後レジームからの脱却」を実現し、安倍首相にとっての「美しい国」、すなわち戦前のような「日本を、取り戻す」ことになるのでしょうか。

過去の植民地支配と侵略への痛切な反省と心からのおわびを示した一九九五年の「村山談話」の見直しを進め、また慰安所設置に旧日本軍が関与したとの九三年の「河野談話」を否定することになれば、中国、韓国との外交関係は修復不能なほど悪化します。

歴史認識を変え、「国のかたち」を変えようとする安倍首相に、米国からも批判の声が出ています。

米ニューヨークタイムズ紙は二〇一三年一月三日付の社説「歴史を否定する新たな試み」の中で、安倍首相を「右翼の国粋主義者」と決めつけ、「朝鮮半島で女性を性奴隷にし、第二次世界大戦で侵略したことへの謝罪の見直しを示唆した」と強く非難しました。米国を代表する高級紙がこれほど激しく「同盟国」の首相を批判するのは極めて異例のことです。

米政府も安倍首相を歓迎しているとは言い難いようです。日本側が求めた就任早々の一月の日米首脳会談は、米側から「多忙」を理由に断られました。二月に訪米して実現した首脳会談で、日本の首相として初めて集団的自衛権行使の検討を始めたと伝えましたが、オバマ大統領は記者団を前に「日米同盟はアジア太平洋の礎だ」と述べたものの、それ以上は踏み込まず、「両国にとって一番重要な分野は経済成長だ」とかわしました。

日本は中国との間で尖閣諸島の問題を抱えています。安倍首相は「領土問題は存在しない」と主張して中国と交渉する気配さえなく、解決の糸口はみえません。集団的自衛権行使の検討という手土産と引き換えに日中間の争いに巻き込まれてはかなわない——米国の本音はおそらくそんなところでしょう。経済面で相互依存が進む中国と対立して困るのは、米国だけでなく、日本も同じはずですが、このタイミングで安倍首相は地域の緊張を高める方向へと舵を切ろうとしているのです。

あたかも第一次安倍内閣（二〇〇六年九月～〇七年九月）で敷こうとしたタカ派路線を「周回遅れ」で進めようとしているようです。周回遅れと指摘するのは、第一次安倍内閣と現在で日本を取り巻く状況が異なるにもかかわらず、何事もなかったかのように同じことを進めようとしているからです。

二つの戦争から撤退しつつある米国

第一次安倍内閣時に、米国はアフガニスタン攻撃、イラク戦争という二つの戦争を継続中でした。日本はそれぞれの戦争に対応してテロ対策特別措置法、イラク特別措置法をつくり、自衛隊をインド洋やイラクへ派遣したのは、米国からの強い要請があってのことでした。

アフガン攻撃が始まった二〇〇一年当時、ブッシュ大統領は「米国につくのか、テロリストにつくのか」と世界中に迫り、日本には「Show the Flag（旗《き》幟《し》鮮明にせよ）」（アーミテージ国務副長官）と自衛隊派遣を求めたのです。

二〇〇三年のイラク戦争はドイツ、フランスなどが戦争に反対する中、小泉純一郎首相が世界に先駆けて米国への支持を表明。すると米国は「Boots on the Ground（陸上自衛隊を派遣せよ）」（ローレス国防次官補代理）と迫り、日本が戸惑っていると「This is not a tea party（これはお茶会じゃない）」（アーミテージ国務副長官）としかりつけ、陸上自衛隊は戦火くすぶるイラクへ派遣されたのです。

アフガン、イラクとも米国は自衛権を行使して戦争に突入しました。英国は同盟国である米国への集団的自衛権を行使して、兵士を送り込みました。イラクで米兵は四四八八人、英兵は一七九人が戦死、アフガンでは米兵二一八〇人、英兵四四〇人が戦死しています。民間人の死者はイラクで一〇万人以上、アフガンで一万四〇〇〇人以上とされています。自衛隊に戦死者は一人もなく、民間人を傷つけることもありませんでした。

集団的自衛権行使の禁止や海外における武力行使を禁じた憲法を持つ日本は、米国や英国とは違います。

政府見解によると、集団的自衛権とは「自国と密接な関係にある外国に対する武力攻撃を実力を持って阻止する権利」(一九八一年、政府答弁書)を指し、これまで日本政府は「わが国が主権国家である以上、集団的自衛権を有しているが、憲法九条で許容される必要最小限の範囲を超え、行使は許されない」としてきました。

アフガンでの自衛隊の活動は米艦艇などへの洋上補給といった後方支援にとどまり、イラクでは米軍の駐留するバグダッドから遠く離れた土地での人道復興支援を行いました。洋上補給は武力行使との一体化が疑われるし、武装した米兵をイラクの首都バグダッドへ空輸した航空自衛隊の活動は米軍の武力行使と一体化していると認定され、二〇〇八年四月、名古屋高裁で違憲判決が出されましたが、**武器をとって戦うという最後の一線を踏み越えることはなかった**のです。

第一次安倍内閣で日本が集団的自衛権行使に踏み切っていれば、米国は「負担を分散できる」と歓迎したことでしょう。しかし、安倍氏の退陣後、米国ではブッシュ大統領からオバマ大統領に代わり、イラクから全面撤収しました。アフガンでは二〇一四年末までに治安権限を地元政府に全面移譲する方針で、こちらも終息に向かいつつあります。

ふたつの戦争を遂行中、米国の戦費は一カ月一一〇億ドル(約一兆円)にのぼりました。累計すれば一〇〇兆円にもなる戦費が米財政を圧迫し、オバマ大統領の政策実行を拒んできたのです。

もう軍事にカネはかけられません。米政府は二〇一三年三月から予算の強制削減を開始する中で、削減額の半分にあたる五五〇億ドル（約五兆一〇〇〇億円）を国防費の歳出カットで賄うことにしました。米国防総省は約八〇万人の職員を一時帰休させ、西太平洋における海軍の活動を縮小するとしています。

これに先立つ二〇一二年一月には新国防戦略を発表、世界中の二カ所で戦争遂行できる米軍の能力を示す「二正面作戦」の放棄を宣言、一正面で戦争を遂行しつつ他の地域では抑止に努める「1プラス」を打ち出しています。

中東で核開発を進めるイランへの攻撃姿勢をみせるイスラエルを懸命に抑えようとしていることからも分かる通り、三期目はない大統領職の二期目に入ったオバマ大統領の視線の先にあるのは戦争ではなく、政策を実現するための財政再建であるのは明らかです。

中国はどうでしょうか。ますます国防費を増やし、軍事大国への道をたどっています。外洋に進出するために海軍力を強めていますが、南シナ海や東シナ海で国際法を無視した振る舞いが目立ちます。「図体の大きなガキ大将」化する中国に対し、米国とアジアの国々は油断せず、かといって正面からの対立は避けるという緊張感のある監視体制を敷いています。

第一次安倍内閣と現在では米国やアジア太平洋の情勢が違うのに、過去に積み残したタカ派的政策を実行に移せば、米国やその他の国々との思惑違いばかりが目立つのは当たり前の話です。

第一次安倍内閣が進めたこと

途中で三年三カ月の民主党政権が挟まり、リベラルだったはずの民主党が、自民党政権がつくった日本国防の指針である「防衛計画の大綱」を実戦的な方向に変えたり、自民党でさえできなかった武器輸出三原則を緩和したり、と次々にタカ派的政策を実現したせいでしょうか、政権に返り咲いた元祖タカ派の自民党、その中でもタカ派本家の安倍首相に弾みがついたようです。

母方の祖父は「アンポハンタイ」の大合唱の中、日米安全保障条約の改定に踏み切った岸信介元首相です。強硬路線を突き進んだ祖父の血を引く安倍首相の最終的な狙いが、祖父が目指しながら成し遂げられなかった「憲法改正」であることに疑いはありません。

第一次安倍内閣で首相は、憲法との関係が表裏一体の特別な法律である**教育基本法を改正**しました。明治時代から太平洋戦争までは教育勅語があって、学校教育を通じて徹底され、国や皇室に忠義を尽くせ、と命令を並べたてて天皇のために命を捧げる国民をつくり上げました。

太平洋戦争の敗戦後、戦争放棄を定めた日本国憲法が誕生すると間もなく教育基本法が施行されます。この教育基本法の前文で日本国憲法の意味について触れ、「この理想の実現は、根本において教育の力にまつべきものである」とあり、平和憲法を根づかせるための法律であることを明記しています。

安倍氏が教育基本法を変えた理由はここにあります。憲法改正のためには、現行憲法の理想の実現を目的に掲げた教育基本法は邪魔者でしかありません。この法律の改正を将来の改憲のための呼び水にしたいと考えたのです。

改正された教育基本法の教育目標に「我が国と郷土を愛すること」が加えられました。法改正直後の記者会見で安倍氏は「戦後レジームから脱却して、新たな国づくりをする礎だ」と満足そうな表情をみせました。この愛国教育と一九九九年制定の国旗国歌法が重なり、全国の小中学校で「国歌の演奏・斉唱」がいっそう強制されるようになりました。

安倍氏は教育基本法の改正から間髪を入れることなく**防衛庁を防衛省に昇格**させました。内閣府の外局に過ぎない「庁」から「省」への昇格は、防衛省・自衛隊を国家組織として重く位置づけたことを意味します。自衛隊の役割が内向きの「国防」から外向きの「**海外における武力行使**」**に変わる**ことを視野に入れた組織改変といえるものでした。

教育基本法の改正、防衛省昇格に続いて、安倍氏が踏み切ったのが**国民投票法の制定**です。憲法改正には衆参各議院の総議員の三分の二の賛成を得て国会が発議し、国民投票で是非を問わなければなりません。安倍氏は手つかずだった国民投票手続きの大枠を定めたのです。

ここまで進めたところで安倍氏は政権を放棄し、退陣しました。再登板した今回、夏の参院選挙で与野党のねじれ現象を解消するまでタカ派色を隠し、選挙後に「国のかたち」を変えようとするのは間違いありません。

集団的自衛権の行使容認の論理

その第一弾として、首相は第一次安倍内閣でつくった私的な諮問機関「安全保障の法的基盤の再構築に関する懇談会」を再開させました。有識者一三人で編成される懇談会は、集団的自衛権の行使容認に踏み切るべきだとの報告をまとめましたが、受けたのは福田康夫首相でした。行使に慎重な福田氏はあっさりお蔵入りさせました。

今回、懇談会に同じメンバーを招集したところに、強いこだわりがうかがえます。前回と同じく、以下の四類型について検討します。

１　公海での米艦艇の防護

２　米国に向かう弾道ミサイルの迎撃

３　国連平和維持活動（ＰＫＯ）で他国部隊を守るための「駆け付け警護」や任務遂行のための武器使用

４　戦闘地域での他国部隊への輸送、補給などの後方支援

前回の結論は１、２が集団的自衛権の行使にあたり、３が海外における武力行使、４が武力行使との一体化に区分され、いずれも現行の憲法解釈では禁じられているものの、解釈変更によって容認すべきだというものでした。

安倍首相が進めようとしているのが集団的自衛権行使の容認なので、1、2について、あらためて考えてみます。

まず、公海での米艦艇の防護ですが、懇談会はロシアのバルチック艦隊と大日本帝国海軍の連合艦隊が戦った日本海海戦のような艦隊の陣形を想像しているのでしょうか。一列になって北上するバルチック艦隊の行く手をさえぎる形で連合艦隊を配列させる陣形をとったので、丁字《ていじ》戦法と呼ばれました。

しかし、現代の艦艇は潜水艦への警戒から数キロもの距離をとり、点々と散らばって行動します。互いのスクリュー音が邪魔をして、潜水艦を探知できないようでは困るからです。艦艇への攻撃に使われるのは魚雷と対艦ミサイル。とくに魚雷は一発で撃沈させる威力があり、ひそかに狙われたら防御どころではありません。

ミサイルに狙われた艦艇は、射撃管制レーダーの照射を受けるので逆探知装置によって、危険が察知できます。飛来する対艦ミサイルの距離に応じて、対空ミサイル、速射砲、速射機関砲の三段階で迎撃しますが、レーダー照射を受けていない別の艦艇がミサイルを迎撃することは現在の技術では不可能です。

米艦艇を防護できそうなのは、日米の艦艇が並走する洋上補給の場面ですが、ここで攻撃されたら自衛艦は集団的自衛権行使を意識するまでもなく、自らの防御のために反撃します。いわば自己保存のための自然権的権利により、反撃が認められているのです。

次に2の米国を狙った弾道ミサイルを迎撃する手段が現状で存在しないことは前の自民党政権当時、久間章生・防衛相が国会答弁しています。迎撃できるようになるのは日米で共同開発中の迎撃ミサイル「ＳＭ３ブロック２Ａ」がイージス艦に搭載可能となった後の話です。

懇談会のメンバーなら、発射台の弾道ミサイルが米国を狙うか、日本を狙うか分かるのでしょうか。例えば北朝鮮から発射され、米本土を狙う弾道ミサイルを迎撃するには、イージス艦は北海道の西沖に配置する必要がありますが、日本本土が狙われるなら、イージス艦の配置は本州西側の日本海です。日本防衛をお留守にして、米国を守るために日本のイージス艦を配置するようでは本末転倒です。

迎撃ミサイルを搭載できるイージス艦は自衛隊に四隻しかありませんが、米軍は二六隻保有しており、今後さらに増やす計画です。「小が大を守る」では説得力がまるでありません。米政府には自前での対処をお勧めします。

より大きな疑問は、世界中の軍隊が束《たば》になってもかなわない米軍に、いったいどの国が正規戦を挑むのかという点にあります。ありもしない類型を持ち出して、集団的自衛権の行使容認の理由にするのは、無理があります。しかし、再び同じメンバーで議論するのですから、結論は分かりきっています。

国家安全保障基本法案

興味深いのは懇談会一三人のうち、「日米同盟の維持・強化」を目的に二〇〇一年に開かれた民間の研究会「新日米同盟プロジェクト」に名前を連ねた学者・有識者が五人もいることです。プロジェクトには米国の研究者らも参加し、米軍基地問題、朝鮮半島問題などについて議論しました。注目されるのは、憲法・有事法制についての提言です。

現在、懇談会の一員である坂元一哉大阪大学大学院教授は、日米同盟を深化させるため、日本領域や公海での集団的自衛権行使に踏み込むべきだとし、その方法として「国家安全保障基本法のようなもの」をつくり、規定するのが一番よいと主張しました。

この考えを自民党が発展させ、二〇一二年七月の総務会で国家安全保障基本法の制定を決めました。この法律の特徴は、**憲法で禁じた集団的自衛権の行使を法律によって可能にするからくりが潜んでいること**です。

自民党が作成した法案概要をみると、第一〇条「国連憲章に定められた自衛権の行使」は、国連憲章五一条の規定を根拠に**集団的自衛権の行使を認め**ています。第一一条「国連憲章上の安全保障措置への参加」は、国連安保理決議があれば、**海外における武力行使を認める内容**となっています。

これ以外にも、第三条「国及び地方公共団体の責務」は、秘密保護のための立法措置を定めており、**秘密保全法の制定**につながります。秘密保全法は、安全保障、外交、公共の安全と秩序に関する事柄を「特別秘密」に指定し、これを報道しようとしたマスコミや一般人を処罰する法律です。憲法で保障された知る権利や基本的人権が侵され、民主主義を揺るがすものです。

第一二条「武器の輸出入等」は、武器の輸出を禁じた**「武器輸出三原則」を放棄する規定**で、日本経団連や防衛産業からの見直し要求を受けたものです。「一発の銃弾、一丁の銃も輸出しない」という平和国家の国是は、一部企業のカネもうけのためになし崩しにされるのです。

国家安全保障基本法案の概要に書かれた内容の多くは、憲法九条の解釈に明らかに反します。そんな法案は国会提出さえできないのでは、そんな疑問が浮かびます。

一面ではその通りです。行政府の中央省庁が法案をつくる内閣提出法案(閣法)なら、憲法との関係を審査する内閣法制局の段階でストップがかかり、国会提出には至りません。国会議員が法案をつくる議員立法となれば話は別です。

衆院、参院それぞれの法制局が審査して意見を述べますが、提出を決めるのはあくまで立法権のある国会議員。国会で法案を説明するのは提出議員のため、答弁に窮するような問題のある法案が提出に至ることはまずないのですが、前例があります。

二〇一〇年五月、中谷元・元防衛庁長官ら五人の自民党議員が「国際平和協力法案」を衆院に提出しました。六章からなる長文の法案で、自衛隊の海外活動として「人道復興支援活動」「停戦監視活動」「後方支援活動」「安全確保活動」「警護活動」「船舶検査活動」の六項目を列挙しています。

このうち、自衛隊が経験済みの活動は前半の三項目に過ぎず、残る三項目はこれまでの憲法解釈では違憲となり、現状では実施できない活動です。

安全確保活動は危険地域の駐留や巡回、殺傷・破壊活動の制止や予防を指し、武力行使を抜きには考えられない活動を規定。警護活動も同様で、危険地域で攻撃を仕掛けてくる武装勢力から要人や施設を武力で守ることを挙げ、ともに事実上「軍隊としての行動」を求めています。船舶検査活動は大量破壊兵器の移動を阻止するための停船検査などを指しますが、国会では違憲とされた停船のための威嚇射撃まで認めています。

法案は二〇一二年一二月の衆院解散により審議未了で廃案となりましたが、憲法解釈の変更を迫る内容でした。

国家安全保障基本法案も、議員立法の手続きが予定されています。自民党はこの法律とともに集団自衛事態法、前出の国際平和協力法を制定し、自衛隊法を改定するとしています。

これらの法律が成立すれば、集団的自衛権行使や海外の武力行使が解禁されることになります。法律が憲法違反か審査するドイツの憲法裁判所のような規定がわが国にはないため、法律によって憲法解釈が変更され、「国のかたち」を変えてしまうのです。

国会で過半数を占めさえすれば、国家安全保障基本法は成立します。三分の二以上の国会議員の賛成や国民投票が必要な憲法改正と比べ、なんとお手軽なことでしょうか。過去、自民党は自らの政権下で憲法解釈を変えるような議員立法を提案したことは一度もありませんでした。政権政党としての矜持があったからです。戦争を経験した宮沢喜一、梶山静六、野中広務らのハト派が許しませんでした。残ったハト派の加藤紘一氏は先の衆院選挙で落選、安倍首相へのご意見番は党内にはいないに等しい状態です。

集団的自衛権が行使されれば

集団的自衛権の行使が認められた場合、日本はどう変わるのでしょうか。分かりやすい例があります。一九九三年から九四年かけての朝鮮半島危機です。

ふり返ってみましょう。九三年、北朝鮮は核開発を目指し、核拡散防止条約（ＮＰＴ）からの脱退を表明しました。これに対し、米国は北朝鮮の核開発施設、寧辺《ニョンビョン》の爆撃を計画、北朝鮮が反撃してくれれば米韓共同作戦計画「５０２７」を実施に移す検討をしました。朝鮮半島で戦端が開かれ、第二次朝鮮戦争に発展すれば、米軍五万二〇〇〇人、韓国軍四九万人、民間人を含めれば、死傷者は約一〇〇万人以上との見積もりから攻撃を踏みとどまったとされています。

そのころ、在日米軍司令部は防衛庁統合幕僚会議（現防衛省統合幕僚監部＝統幕）に九九四項目の対米支援を要求。最終的には一〇五九項目の要求が示されました。米軍による空港・港湾の使用、自衛隊が米軍のために行う輸送、補給、救難などが列挙されていました。

すべての項目について日本側は「集団的自衛権の行使は認められていない」とゼロ回答しました。米側は見直しを要求し、これが九六年の日米安保共同宣言、九七年の日米ガイドラインを経て、九九年の周辺事態法の策定につながりました。わが国に波及するような戦争が起きた場合、官民挙げて対米支援する国へと日本は変化したのです。

周辺事態法によれば、自衛隊が活動できるのは日本の領域と公海までとの制約があります。集団的自衛権行使が認められれば、米国と戦う相手国の領域で米軍を支援できるだけでなく、**イラク戦争の英軍のように米軍と一体となって戦うことが可能になる**のです。

朝鮮半島危機から今日までに、北朝鮮は三回の核実験を実施し、核兵器の運搬手段である長距離弾道ミサイルの発射にも成功、朝鮮半島の緊張はいっそう高まっています。

このタイミングで日本は集団的自衛権の行使容認の検討を始めたのです。仮に米国が北朝鮮攻撃を検討しているとすれば、背中を押す結果になるのは間違いないでしょう。米国から一兆円もかけて購入したミサイル防衛システムを自衛隊が保有していることも、北朝鮮からのミサイル攻撃を食いとめられることになるので、米国にとって好都合です。

九条は有名無実化する

海外の戦争で日本でも戦死者が出るような事態になれば、戦前の軍隊が大いばりで街を闊歩《かっぽ》していたように自衛隊の発言力が増すのは確実でしょう。ただ、それで組織が持つのでしょうか。イラク戦争でクウェートからバグダッドまで武装した米兵を空輸していた航空自衛隊のＣ１３０輸送機部隊の隊員に「なぜ米兵を空輸しなければならないのか」と聞かれた空自将官は「中東で米軍を支援することで、極東で米軍が日本を守ってくれる」と答えたといいます。いかにも苦しい言い訳ですが、入隊時にはなかった新たな任務の意味について、説明する義務が政府にはあります。

自衛官は任官するにあたり、自衛隊法の規定に従い、服務の宣誓をします。宣誓文は以下の通りです。

私は、我が国の平和と独立を守る自衛隊の使命を自覚し、日本国憲法及び法令を遵守し、一致団結、厳正な規律を保持し、常に徳操を養い、人格を尊重し、心身を鍛え、技能を磨き、政治的活動に関与せず、強い責任感をもつて専心職務の遂行に当たり、事に臨んでは危険を顧みず、身をもつて責務の完遂に務め、もつて国民の負託にこたえることを誓います。

日本の守りに命を捧げると誓った隊員たちが、海外で命のやり取りをすることに疑問を感じないわけがありません。納得がいかない人は自衛隊を去り、違う考えを持った人と入れ替わるのでしょうか。あるいは若者たちは自衛隊を避けるようになるかも知れません。

集団的自衛権の行使が解禁されれば、憲法九条は有名無実化します。護憲を訴える人々の間に失望感が広がり、憲法改正への道のりが短縮されることも予想されます。

日本国憲法は戦争放棄を定めた世界でも最先端の憲法です。平和憲法のもと、海外へ派遣された自衛隊は武力行使することなく、国連平和維持活動(PKO)や国際緊急援助隊への参加を通じて「人助け」に徹してきました。

二〇一二年、英ＢＢＣ放送が二二カ国で行った「世界によい影響を与えている国」で日本がトップに選ばれました。世界最大規模だった政府開発援助（ＯＤＡ）だけではなく、自衛隊による人的貢献も影響しているのではないでしょうか。

安倍首相は歴史認識を見直し、海外で戦争をする戦前のような国に戻そうとしています。いったい世界中のだれがそんな日本を歓迎するでしょうか。

4 集団的自衛権の行使はなぜ許されないのか

――阪田雅裕・元内閣法制局長官インタビュー

【はじめに】 二〇〇六年九月に発足した第一次安倍内閣は、「戦後レジームからの脱却」をスローガンに、集団的自衛権の行使に関する憲法解釈の変更をめざしていた。〇七年五月、安倍首相は私的な諮問機関として、「安全保障の法的基盤の再構築に関する懇談会」(座長・柳井俊二元駐米大使)を発足させ、見直し賛成派の論客をそろえた。安倍首相は、(1)公海上の米艦防護、(2)米国向けの可能性のあるミサイルの迎撃、(3)PKOなどで他国軍が攻撃されたときの駆けつけ警護、(4)海外での後方支援活動の拡大――の四類型について検討を指示、行使容認に向けた議論を進めた(詳しくは半田論文を参照)。だが、同年九月に安倍首相は突然政権を投げ出す。報告書を受け取った福田康夫首相が解釈の変更を認めなかったため、報告書は事実上「お蔵入り」となった。第二次安倍内閣の発足に伴い、安倍首相は有識者懇談会を再始動させ、新たな報告書の提出をめざしている(二〇一三年四月現在)。

ここに紹介するのは、第一次安倍内閣の有識者懇談会が議論を開始した〇七年夏、雑誌『世界』に掲載されたインタビュー記録である。内閣法制局の元責任者が語った、憲法は集団的自衛権をなぜ許していないか、という発言の意義と重要性は、今もまったく変わっていない。再録する所以である。

阪田氏は一九四三年生まれ。一九六六年、東京大学法学部卒業。大蔵省入省。在ロスアンゼルス総領事館領事、内閣法制局参事官(第一部)などを経て、二〇〇四年八月から二〇〇六年九月(小泉内閣)まで内閣法制局長官を務める。現在は弁護士、大阪大学大学院法学研究科客員教授。

政府の憲法解釈を支えている論理

――これまで政府は「日本国憲法のもとでは集団的自衛権の行使は許されない」という解釈をとってきたわけですが、そのように考えてきた理由は何だったのでしょうか。

阪田　憲法九条をごらんいただくとわかりますが、第一項で戦争、武力の行使、武力による威嚇、すべて放棄をするということが書いてあります。それから第二項で、陸海空軍その他の戦力を保持しない、交戦権を否認する、と書いてある。第一項の武力行使の放棄ですが、実は一九二八年のパリ条約、いわゆる不戦条約にも、戦争に限ってですが、似たような表現で書かれていて、その考え方を引き継いで国連憲章も第二条の第三項、第四項で武力行使を禁止しております。要するに、いまの国際法では武力の行使は個別的または集団的自衛権の行使として行なうもの、それから湾岸戦争のような国連決議に基づいて行なう制裁戦争――集団安全保障と呼んでいますが――そういうもの以外は一切違法なものとして禁止されているわけです。したがって、日本国憲法も仮に九条一項だけであれば、国連憲章、あるいは世界の各国と同じように、いわゆる侵略戦争を中心とした違法な戦争を禁止している、そのことを入念的に規定したのだと読めないわけではない。

日本国憲法が独特で、他に類を見ない平和主義であると言われてきたのは、その一項以上に二項の規定だと思います。戦力を保持しない、それから交戦権を否認するということで、九条一項とあわせて見れば、これはおよそ正義の戦争のようなものも含めて一切の戦争を禁止しているというふうに読めるし、そう読むのが素直なのだということです。したがって、単に違法な戦争だけではなくて、正しい戦争も日本国憲法は禁止をしており、それゆえに平和主義に立脚した憲法だというふうに考えられてきた。政府もそう考えてきたということです。

ほとんどの憲法学者は、九条第二項の戦力の不保持の規定に照らすと、現在の自衛隊が戦力に当たらないというのはおかしい、自衛隊は違憲だという立場だろうと思います。政府の憲法解釈に、もしわかりにくい点があるとすれば、自衛隊は合憲であるというところから出発しているからでしょう。

どうして自衛隊が合憲だと政府は考えるのか。これは、もちろん九条で戦争は放棄しているのですが、国家には国民が居住をしており、その国民一人ひとりには、平和的に生存する権利がある。たとえば憲法一三条は幸福追求権を保障していますが、それは国に対して個人が幸福の追求をできるようにしなさいという規定です。その国民の生命、あるいは財産が外部からの武力攻撃によって危険にさらされる、あるいは現に侵害される状況に立ち至った時に、指をくわえて見ていることは、やはり主権国家として、ごくふつうに考えても許されないだろうと思いますし、憲法全体、前文や基本的人権を保障した第三章の規定をも合わせて読んでみると、やはり主権国家として、国民の生命や財産を守るために最低限やるべきことはやらなければいけない。九条がそういう意味での自衛権まで放棄をしたとはとても思えないというのが政府の考え方です。

昭和三四年に最高裁が出した砂川事件判決というのがあります。これは米軍の駐留をめぐって争われた事件で、もちろん自衛隊について言及しているわけではありませんが、少なくとも我が国が自衛権を持っているということは最高裁も認めています。自衛権があっても、自衛のための措置を講じることができなければ、意味がないわけですから、自衛のために――国民の生命、財産を守るためにと言ったほうがいいのかもしれないですけれども――、必要最小限度の実力組織を有し、武力攻撃を受けた時にそれを排除するための必要最小限度の実力の行使ができる、この点が政府の憲法解釈がもっとも、大方の憲法学者と異なるところだろうと思います。

ですから政府の憲法解釈というのは、そこさえご了解いただければ、非常にシンプルなわけです。国民の生命、財産を守るための必要最小限の実力組織として存在するもの、それが自衛隊である。そして、それが果たして必要最小限度を越えているかどうかは、予算審議等を通しての国会の判断、いわば国民の判断であると政府は言ってきたわけです。量的にどこまでということは一概に言えない。ただ、そういう性質の自衛力ですから、専守防衛ということで、もっぱら攻撃をするときにしか使えないような兵器は保持することができないと言ってきました。たとえば航空母艦とか長距離ミサイルの類の兵器で、こうしたものは、いまも保持していないわけです。

もう一つ言えることは、自衛隊はまさに国民の生命、財産を守るために存在することから、海外で武力行使をするということは基本的には考えられない。「基本的には」というのは、自衛のため、要するに外国の武力攻撃があり、それを排除するための行動が領土、領空、領海の外に及ぶということはあり得る。そういう意味で自国の防衛のために必要最小限度の範囲内で公空、公海などに及ぶということはあったとしても、それ以外の場合に海外、特に外国の領土、領海、領空で武力を行使することは許されない、というのが政府の解釈なのです。ですから、集団的自衛権であれ、集団安全保障であれ、それは直接的には国民の生命、財産が危険にさらされている状況ではない。にもかかわらず、自衛隊が海外に行って、たとえ国際法上違法でないにしても、武力を行使することを憲法九条が容認していると解釈する論拠は、日本国憲法をどう読んでみても、個別的自衛のための軍事行動とは違って、見出すことができない、ということだと思います。

内閣法制局は何のためにあるのか

—— 安倍首相（第一次）が立ち上げた集団的自衛権に関する有識者懇談会の議事要旨を見ると、「憲法の有権解釈権は政府ではなくて裁判所にある」という発言が出ています。内閣法制局の存在理由・役割は、どのようなところにあるのでしょうか。

阪田　もちろん、憲法を含めすべての法令の最終的な有権解釈権能を有しているのは裁判所です。けれども、裁判所が考えるからどうでもいいやというわけには、残念ながら政府はいかない。個々の法令のほとんどを執行するのは政府ですから、政府が一定の解釈の下にそれを執行するのでないと国は回っていかないわけです。その結果、しかし最終的に「行政庁の解釈は間違っている」と裁判所に判断されることがないとは言えない。しかし、政府としての解釈をしっかりと持っていなければ、そもそも法令の執行ができないわけです。憲法も全く同じで、政府として憲法の各条をどう解するかということがないと、その執行ができない。憲法の場合はそれだけではなくて、法律や政令がつくれないんですね。一定の憲法解釈を有し、それを前提として、それに整合するような法律をつくる——正確には法律を国会に提出する——わけです。憲法違反の法律は無効ですから。たとえば、政府としては前進のつもりだったのですが、在外邦人(外国に在住する日本人)の選挙権について、公職選挙法を改正して衆議院、参議院とも比例区については投票を可能としたものの、選挙区選挙については選挙の公平が担保できないという理由で認めなかった。それについて〇五年、最高裁から違憲の判決を出されました。これは自分も関係したことでもあり、恥ずかしいことだと思いますが、しかしいずれにしても政府として一定の考え方の下に憲法を解釈し、この例で言いますと主に選挙権の平等を定めた四四条ということですが、それに基づいて憲法に適合する法律をつくっていくのでなければ、国民の権利が十分に守られません。

裁判所が法律をつくるたびに全部チェックしてくれるのなら、勝手にどんどん憲法解釈など関係なくつくって裁判所で判断をしてもらえばいいということでしょうけれども、いまの日本には憲法裁判所もなく、裁判所はそういう抽象的な違憲立法審査はしません。

個別の法律であれば、第一義的にはそれぞれ所管の省庁の責任において解釈をし、執行するということになりますが、憲法は特にどの役所が所管しているということではない。また各省がばらばらに憲法解釈をするというようなことであってはどうにもならないわけです。たとえば九条でも、防衛省の解釈と外務省の解釈と、防衛予算に関係するからということで財務省も解釈をするということがあり得るわけですが、それぞれてんでばらばらになったのでは、行政そのものが執行できないことになる。ですから憲法については、最高の行政機関である内閣が統一的な解釈をしなければならない。その内閣の補佐機関であり、法律専門家集団である内閣法制局は、否応なくそういう役回りを担わされているわけです。

法治主義の精神に反する解釈変更

――安倍首相が検討を進めている集団的自衛権に関する政府解釈の変更ですが、時の政権担当者がいままで積み重ねてきた政府の解釈とは異なる憲法解釈をとると表明することには、どのような問題があるとお考えですか。

阪田　憲法も含めた法律の解釈一般ということでまず申し上げると、憲法も法律も文章で書かれているわけです。昔のような慣習法の時代ではなく、成文法になっているわけですから、結局その書かれている文章全体を論理的に考えて、意味内容を確定するという作業が解釈だと思うのですね。解釈とは、そういう論理的な作業である以上、人によってばらばらであるということは本来ないものでなければならないと思っています。みんな読む人ごとに意味内容を違えて受け止めるというような法令は、欠陥があると言っていいでしょう。したがって、その意味内容について政府の作業として論理的に検討し、固めたということになれば、執行の責任者が変わっても、それで運用していくということでないと、行政の一貫性が保てないわけですし、国民も非常に戸惑うことになります。

これはもちろん憲法に限らず、すべての法律について当てはまります。法律は当然のことですが、国民に権利を付与したり、これを制限したり、義務を課したりしますから、義務がないと昨日まで言われていた人が、明日から解釈が変わったのであなたも義務がありますと言われるようなことがあるとすると、国民は、自分の行動を計画することもできないということになり、国民の生活がとても不安定なものになります。

もちろん、人がやることですから完璧ということはないし、先ほどお話ししたように、裁判所から違うと言われる可能性は否定できない。それから時代の変遷ということも、ないとは言えない。たとえば、かつての個別間接税の時代、物品税は、品目を特定して課税をしていたわけですね。そうすると、新しいものが出てくると、すぐには課税が追い付かなくて、類似の古いものは課税されているのに、たまたま新しいものだからどんなに高価であっても贅沢であっても課税されないということがまま生じた。そういう時にどうしたかというと、無理な解釈をして課税をするのではなく、早急に法律や政令を改正して時代に合わせるという作業をしたわけです。

次に九条について言いますと、九条はいま言った一般論もさることながら、それ以上に、昭和二九年の自衛隊創設時から五〇年余り、その意味するところは何かをめぐって、政府と国会とのやりとりを中心に長いあいだ議論されてきました。おそらく憲法のさまざまな規定の中でも最もたくさんの時間を費やされて議論されてきた規定だと思います。それについてこれまで政府が国会において述べてきたことは、これは議会制民主主義ですから、とりもなおさず国民に対して申し上げてきたということだと思うのですね。国会を通し、国民に対して憲法九条というのはこういう意味だということをずっと言ってきたことには、それだけの重みがあり、国民の間でもそれなりに定着してきている解釈だと思われます。それがある日突然に、いままで言ってきたことは全部違っていました、これは実はこういう意味でしたということになると、やはり国民の法規範に対する信頼を非常に損ねるのではないかと思いますね。そういう成文法の意味すら内閣が自由に左右できるとなると、一体法治主義とか法治国家というものは何だということになり、国民の憲法や法律を尊重しようという、遵法精神にも非常に影響することになりかねません。

もう一つは、九条については、集団的自衛権や、集団安全保障、海外での武力行使もいいんだという解釈を九条一、二項から導くことが論理的にむずかしいということです。そして、もしそれもいいのだということになったとすると――私たちは規範性というふうに言いますけれども――法規範としての九条の意義がほとんどなくなってしまう。冒頭に申し上げたように、国連憲章ができてから戦争の違法化がずいぶん進んで、集団的自衛権の行使や集団安全保障措置以外の海外での武力行使は国際法上一切違法なものだとされているわけですね。憲法九八条があって、我が国も国際法は遵守しなければならないわけですから、仮に九条を国際法で認められる武力行使は禁止していないと解釈することになれば、九条というものはあってもなくても同じ、念のためにしつこく書いてあるという――法律用語では入念規定というのですが――、念のための規定という以上の意味を持たなくなってしまう。そうだとすると、教科書などで日本国憲法は三つの原理の上に立っている、一つは国民主権、二つ目は基本的人権の尊重(ここまでは世界中どこも一緒ですけれども)、三つ目に平和主義ということが言われてきたわけですが、その平和主義というのは一体何なんだろう、アメリカやイギリスの平和主義と何も違わないということになってしまう。そのような意味でも、九条解釈について、時の政権の意向で変更するということはハードルが高いのではないかなと思いますね。

正々堂々と国民に問うべき

――有識者懇談会の出席者からは、「いまは六〇年前と比べて国際環境が変わった」とか、「安全保障の状況も変わった」というような発言も出ています。

阪田　そこは私はわかりませんけれども、環境が変わっていることはあるのかもしれません。けれども、そのために憲法改正手続きがあるわけですから、いまの時代に憲法九条一項、二項の規定がそぐわなくなっているということであれば、それは改めて国民の意思を問うということではないでしょうか。法律の場合はすべてそうしているわけですし、まして憲法では当然のデュープロセスとして、そうでなければならないはずです。

非常に細かなことであれば、解釈で対応しても、それほど国民に不信感を与えることもないし、ある程度納得感を得られると思うのですけれども、これはずっと議論の積み重ねがあったことですし、それから解釈としても論理的に集団的自衛権の行使もいいのだという結論を導くことは非常にむずかしいと思えるものですから、そうだとすれば、やはり解釈で対応するということはなかなか納得感が得られないのではないかと思いますね。

――有識者懇談会の議事要旨を見ますと、これまでの政府解釈には国際法と国内法とのギャップが大きいとか、国際法の議論をいままで踏まえていなかったという趣旨の発言が見られるのですが、法制局で検討を行なう場合には、国際法のことも考えて議論をするものなのでしょうか。

阪田　憲法と国際法は違います。よく、権利があるのに行使できないのはおかしいという議論をされる方もいるわけですが、国際法というのは基本的には主権国家の内政には干渉しない。要するに統治権力と国民との間がどうあるべきかについての国際慣習法はなくて、統治権力はいわばオールマイティです。王制であろうと民主主義であろうと、そんなことは国際法の問うところではない。国家の戦争といっても、実際に携わるのは国民ですが、国民に戦争をさせるのも、させないのも、それぞれの国家が自由に判断するところということになる。国際法は国家間の約束、取り決めでしかないのです。だから、違法な戦争をすることはいけないというのは国家間の約束、国と国との関係の問題なのに対して、その国家が実際にいわば正しい戦争をするかどうかというのは、統治権力者である国と被統治者である国民との間の問題です。両者の関係を規律するのは憲法であり、法律なわけです。憲法というのは、マグナ・カルタ以来、統治者と被統治者の間のいわば約束事だと考えられています。憲法各条の名宛人はほとんどが国です。たとえば二九条や一四条についても、国に対して、国民の財産権を侵害しないように、国民を不合理に差別しないように求めているのです。九条は国民が国に戦争をさせないということを決めている規範なのですから。それは国際法がどういうルールであるかということとは全く次元が違う。

国際法では軍隊を持つことだって全くかまわないのですから。それならば、九条が戦力を持つことを禁止していることについてはなぜ国際法と国内法の矛盾と言わないのか、また戦争当事国になれば交戦権は、当然国際法上認められているわけですが、交戦権を国内法である憲法で否認するというのは一体どういうことか、というようなことを議論をしないで、集団的自衛権の部分だけを議論するというのは、はなはだ珍妙なんですね。法律学の議論としてはイロハのイの部分だろうと思います。

四類型の〝ニーズ〟

――有識者懇談会で研究するとしている四類型ですが、戦後六〇年の間にすでに議論し尽くされているような感じも受けますし、個別的自衛権の問題として対処できるものもあるような印象を受けます。いかがでしょうか。

阪田　自衛隊の海外活動については、ＰＫＯ法やその前に国会に提出して廃案になった国際平和協力法案がありましたが、政府は、そういういわば国際社会のニーズというか、国際社会における我が国の外交政策上のニーズ、そういうものが生じて何かをやらなければいけないという状況になった時に、果たして何ができるのか、そのためにはどういう法的枠組みが必要かということを検討するのです。ですから一般的、抽象的にいったい自衛隊は何をどこまでできるかというような、そういう白紙での検討というのは、国会での質疑に対応するような場合のほかは、ほとんどしていません。実益もあまりない。検討したからといって、すべてのケースが尽くせるものではない。やはり具体的な問題が起こってみないと、どういうことが求められるかということはわからないということだろうと思いますね。

そういう意味でＰＫＯ法の場合は、まずＰＫＯに参加をする必要があるということになり、では参加できるかという議論をし、九条が禁止しているのは自衛隊の海外における武力行使だから、武力行使をしないということであれば自衛隊といえども海外で活動はできる、武力行使をしないということをどうやったら担保できるか。それを法律制度として担保するということを初めてやったわけです。その後、周辺事態法で、日米安保条約の新ガイドラインに対応できるような自衛隊の運用という新しいニーズがあり、そこで「後方地域」という概念を組み立てて、現に戦闘が行なわれておらず、かつ、活動の期間を通じて戦闘が行なわれることがないと認められる地域においては米軍の軍事行動を支援したとしても、米軍の武力行使とは「一体化」せず、九条の禁止する武力行使には当たらないという考え方にもとづいて法律をつくり、この考え方がアフガニスタン、イラクでも同じように使われているわけです。

イラクだってアフガニスタンだって、自衛隊はただ行っているというのではないので、行って活動しても武力行使と一線を画する、武力行使にならないという法律制度、枠組みを整えてから自衛隊を出しているわけです。もちろんどう考えたってできないということもあるとは思いますけれども、政府は、ニーズがあれば、そこで一生懸命憲法に適合するような仕組みを考えるのです。

――北朝鮮がアメリカに向けて発射したミサイルを日本が撃ち落とすというのは、まだニーズという意味は全然ないですね。

阪田　ニーズというよりも、技術的可能性がないと聞いていますけれどもね。ですからそういう議論は、政府――関係するところでは防衛省、外務省、内閣官房、法制局ぐらいですけれども――で議論するということはあまりない。みんなそれぞれ現実を踏まえて行政を遂行しているわけですから、そういう観念的、抽象的な議論というのは、やらない。

有事法制なんか少しそれに近いところがあって、法整備が遅れましたけれども、これはしかし、いつでも有事になる可能性があるわけですから、ないのがおかしい状況だったということで、だいぶ違うんじゃないかと思いますね。周辺事態法、新ガイドラインだって、差し迫ってのニーズはないかもしれないけれども、それは日米関係のなかで、どうしてもそういう制度的枠組みをつくっておく必要があるということであったのだろうと思います。ですから、有識者懇談会で議論されようとしている幾つかのことというのも、それぞれどこかの場面で何かをやる時に必要があれば、その時点で一生懸命議論をするという場は出てくるとは思うのですけれども、いわばパーツだけ取り出して観念的な議論をするということは、政府としてはやってこなかったということだろうと思いますね。それがいいとか悪いとかいうのではなくて、そういうものだということです。

——ありがとうございました。

（初出『世界』二〇〇七年九月号）

本書に関連する条文

日本国憲法

第九条　日本国民は、正義と秩序を基調とする国際平和を誠実に希求し、国権の発動たる戦争と、武力による威嚇又は武力の行使は、国際紛争を解決する手段としては、永久にこれを放棄する。

2　前項の目的を達するため、陸海空軍その他の戦力は、これを保持しない。国の交戦権は、これを認めない。

国際連合憲章

〈第七章　平和に対する脅威、平和の破壊及び侵略行為に関する行動〉

第四一条　安全保障理事会は、その決定を実施するために、兵力の使用を伴わないいかなる措置を使用すべきかを決定することができ、且つ、この措置を適用するように国際連合加盟国に要請することができる。この措置は、経済関係及び鉄道、航海、航空、郵便、電信、無線通信その他の運輸通信の手段の全部又は一部の中断並びに外交関係の断絶を含むことができる。

第四二条　安全保障理事会は、第四一条に定める措置では不充分であろうと認め、又は不充分なことが判明したと認めるときは、国際の平和及び安全の維持又は回復に必要な空軍、海軍または陸軍の行動をとることができる。この行動は、国際連合加盟国の空軍、海軍又は陸軍による示威、封鎖その他の行動を含むことができる。

第五一条　この憲章のいかなる規定も、国際連合加盟国に対して武力攻撃が発生した場合には、安全保障理事会が国際の平和及び安全の維持に必要な措置をとるまでの間、個別的又は集団的自衛の固有の権利を害するものではない。この自衛権の行使に当って加盟国がとった措置は、直ちに安全保障理事会に報告しなければならない。また、この措置は、安全保障理事会が国際の平和及び安全の維持または回復のために必要と認める行動をいつでもとるこの憲章に基く権能及び責任に対しては、いかなる影響も及ぼすものではない。

日本国とアメリカ合衆国との間の相互協力及び安全保障条約

第五条　各締約国は、日本国の施政の下にある領域における、いずれか一方に対する武力攻撃が、自国の平和及び安全を危うくするものであることを認め、自国の憲法上の規定及び手続に従つて共通の危険に対処するように行動することを宣言する。

　前記の武力攻撃及びその結果として執つたすべての措置は、国際連合憲章第五一条の規定に従つて直ちに国際連合安全保障理事会に報告しなければならない。その措置は、安全保障理事会が国際の平和及び安全を回復し及び維持するために必要な措置を執つたときは、終止しなければならない。

第六条　日本国の安全に寄与し、並びに極東における国際の平和及び安全の維持に寄与するため、アメリカ合衆国は、その陸軍、空軍及び海軍が日本国において施設及び区域を使用することを許される。

　前記の施設及び区域の使用並びに日本国における合衆国軍隊の地位は、千九百五十二年二月二十八日に東京で署名された日本国とアメリカ合衆国との間の安全保障条約第三条に基く行政協定（改正を含む。）に代わる別個の協定及び合意される他の取極により規律される。

浦田一郎

憲法学者．明治大学教授．1946 年生まれ．一橋大学法学部卒業，同大大学院博士課程中退．民主主義科学者協会法律部会理事長などを務める．『自衛力論の論理と歴史』(日本評論社)，『現代の平和主義と立憲主義』(日本評論社)など．

前田哲男

ジャーナリスト．軍事評論家．1938 年生まれ．『PKO──その創造的可能性』(岩波ブックレット)，『有事法制──何がめざされているか』(同)．編著に，『自衛隊　変容のゆくえ』(岩波新書)など．

半田 滋

東京新聞論説兼編集委員．1955 年生まれ．下野新聞社を経て 1991 年中日新聞社入社．防衛記者として活躍，『世界』他の雑誌に論文，著作多数．『3.11 後の自衛隊』(岩波ブックレット)など．

ハンドブック 集団的自衛権　　岩波ブックレット 870

2013 年 5 月 9 日　第 1 刷発行

著　者　浦田《うらた》一郎《いちろう》，前田《まえだ》哲男《てつお》，半田《はんだ》 滋《しげる》

発行者　山口昭男

発行所　株式会社 岩波書店
〒101-8002 東京都千代田区一ツ橋 2-5-5
電話案内 03-5210-4000　販売部 03-5210-4111
ブックレット編集部 03-5210-4069
http://www.iwanami.co.jp/hensyu/booklet/

印刷・製本　法令印刷　　装丁　副田高行　　表紙イラスト　藤原ヒロコ

ISBN 978-4-00-270870-6　　Printed in Japan